BEI GRIN MACHT SICH IHR WISSEN BEZAHLT

- Wir veröffentlichen Ihre Hausarbeit, Bachelor- und Masterarbeit
- Ihr eigenes eBook und Buch - weltweit in allen wichtigen Shops
- Verdienen Sie an jedem Verkauf

Jetzt bei www.GRIN.com hochladen und kostenlos publizieren

Bibliografische Information der Deutschen Nationalbibliothek:

Die Deutsche Bibliothek verzeichnet diese Publikation in der Deutschen Nationalbibliografie; detaillierte bibliografische Daten sind im Internet über http://dnb.d-nb.de/ abrufbar.

Dieses Werk sowie alle darin enthaltenen einzelnen Beiträge und Abbildungen sind urheberrechtlich geschützt. Jede Verwertung, die nicht ausdrücklich vom Urheberrechtsschutz zugelassen ist, bedarf der vorherigen Zustimmung des Verlages. Das gilt insbesondere für Vervielfältigungen, Bearbeitungen, Übersetzungen, Mikroverfilmungen, Auswertungen durch Datenbanken und für die Einspeicherung und Verarbeitung in elektronische Systeme. Alle Rechte, auch die des auszugsweisen Nachdrucks, der fotomechanischen Wiedergabe (einschließlich Mikrokopie) sowie der Auswertung durch Datenbanken oder ähnliche Einrichtungen, vorbehalten.

Impressum:

Copyright © 2016 GRIN Verlag
Druck und Bindung: Books on Demand GmbH, Norderstedt Germany
ISBN: 9783668727014

Dieses Buch bei GRIN:

https://www.grin.com/document/428904

Mandy Schmiedel

Trainingslehre. Krafttestung, Zielsetzung, Trainingsplanung Makrozyklus und Mesozyklus

GRIN Verlag

GRIN - Your knowledge has value

Der GRIN Verlag publiziert seit 1998 wissenschaftliche Arbeiten von Studenten, Hochschullehrern und anderen Akademikern als eBook und gedrucktes Buch. Die Verlagswebsite www.grin.com ist die ideale Plattform zur Veröffentlichung von Hausarbeiten, Abschlussarbeiten, wissenschaftlichen Aufsätzen, Dissertationen und Fachbüchern.

Besuchen Sie uns im Internet:

http://www.grin.com/

http://www.facebook.com/grincom

http://www.twitter.com/grin_com

Deutsche Hochschule für

Prävention und Gesundheitsmanagement

Hermann Neuberger Sportschule 3

66123 Saarbrücken

Einsendeaufgabe

Fachmodul: Trainingslehre 1

Studiengang: Fitnessökonomie

Datum
Präsenzphase 22.08.2016 – 25.08.2016

Name, Vorname: Schmiedel, Mandy

Studienort: Saarbrücken

Semester: Sommersemester 2016

Inhaltsverzeichnis

1 LÖSUNG TEILAUFGABE 1 – DIAGNOSE..3

   1.1   Allgemeine und biometrische Daten..3

   1.2   Krafttestung..4

2 LÖSUNG TEILAUFGABE 2 – ZIELSETZUNG/PROGNOSE....................................5

3 LÖSUNG TEILAUFGABE 3 – MAKROZYKLUSPLANUNG......................................5

4 LÖSUNG TEILAUFGABE 4 – MESOZYKLUSPLANUNG..7

5 LÖSUNG TEILAUFGABE 5 – LITERATURRECHERCHE.......................................9

6 LITERATURVERZEICHNIS..9

7 TABELLENVERZEICHNIS..11

   7.1   Tabellenverzeichnis..11

Trainingsplanung für einen Anfänger

Im Verlauf dieser Hausarbeit werden die einzelnen Teilbereiche einer Trainingsplanung dargestellt. Ausgehend von einer detaillierten Diagnose (Teilaufgabe 1) über eine Zielsetzung (Teilaufgabe 2), bis hin zur Makro- und Mesosyklusplanung (Teilaufgabe 3-4). Abschließend wird die Teilaufgabe 5 (Literaturrecherche) bearbeitet.

1 Lösung Teilaufgabe 1 – Diagnose

1.1 Allgemeine und biometrische Daten

Der Ist-Zustand des Klienten wird in der anschließenden Tabelle über individuell personenbezogenen Daten dargelegt, bestehend aus allgemeinen, biometrischen und gesundheitsbezogenen Informationen. Ausgehend von dem Ist-Zustand wird anschließend ein passender Krafttest ermittelt, denn: „Erst eine solche Anamnese läßt eine Grobeinschätzung der Kraftfähigkeit des Sportlers zu und ermöglicht damit die Auswahl geeigneter Kraftdiagnoseverfahren." (Zimmer 1999, S. 32).

Tabelle 1: Allgemeine, biometrische und gesundheitsbezogene Daten des Klienten.

Alter	25 Jahre
Geschlecht	weiblich
Körpergröße	174 cm
Körpergewicht	65 kg
Trainingsmotive	· Fettreduktion · Ausgleich zur sitzenden Tätigkeit · Verbessertes Selbstvertrauen
Berufliche Tätigkeit	Bürokauffrau (meist sitzende Tätigkeit)
Aktuelle sportliche Aktivität	Krafttraining (1 Monat)
- Leistungsumfang - Leistungsstufe	· 2 Trainingseinheiten pro Woche (ca. 45 Minuten bei leichter Intensität) · Anfänger
Frühere sportliche Aktivitäten	Joggen (1 Jahr)
- Leistungsumfang - Leistungsstufe	· dreimal pro Woche 30-60 Minuten mit mittlerer Intensität · Fortgeschritten
Zeitlicher Verfügungsrahmen für sportliche Betätigung	3 Trainingseinheiten pro Woche, mit einer Dauer von bis zu 90 Minuten pro Trainingseinheit
Blutdruck Messwerte	123/82
Orthopädische gesundheitliche Probleme	Keine
Internistische gesundheitliche Probleme	Keine
Aktuell in ärztlicher Behandlung	Nein

Einnahme von Medikamenten	Nein
Sonstige gesundheitliche Einschränkungen	Nein

In der nächsten Tabelle wird ein Auszug der Blutdruckklassifikation der American Heart Association dargestellt, um den Blutdruck des Klienten bewerten zu können.

Tabelle 2: Blutdruckklassifikation der American Heart Association

Wertung	Systolischer Blutdruck	Diastolischer Blutdruck
Normblutdruck (Normotonie)		
Optimal	Unter 120 mmHg	Unter 80 mmHg
Normal	Unter 130 mmHg	Unter 85 mmHg
Hochnormal	130-139 mmHg	85-89 mmHg
Bluthochdruck (arterielle Hypertonie)		
Stufe 1	140-159 mmHg	90-99 mmHg
Stufe 2	160-179 mmHg	100-109 mmHg
Stufe 3	>180 mmHg	>110 mmHg

Es kann nun festgestellt werden, dass der Klient mit einem Blutdruck von 123/82 im Wertungsbereich Normal liegt.

Da der Klient einen normalen Blutdruck und keine Gesundheitlichen oder sonstigen Einschränkungen aufweist, kann diese Person als sehr belastbar und gut trainierbar eingestuft werden.

1.2 Krafttestung

Es wird in der nachfolgenden Tabelle die Krafttestung begründet und der Testverlauf beschrieben. Die Testergebnisse und die daraus entstandenen Schlussfolgerungen sind ebenso aus der Tabelle zu entnehmen.

Tabelle 3: Krafttestung – Begründung, Testablauf, Testergebnisse mit Schlussfolgerung und Konsequenz

Begründung der Auswahl des Testverfahrens	Es wird ein Mehrwiederholungstest durchgeführt, da der Maximalkrafttest (1-RM) eine zu hohe Verletzungsgefahr für Anfänger aufweisen würde (Gießing, 2003).
Beschreibung Testablauf	- Übungsauswahl (Bankdrücken), sowie festlegen der Wiederholungszahl (10 Wiederholungen) passend zu den Trainingszielen des Klienten. - Allgemeines Aufwärmen (10 Minuten) auf dem Crosstrainer. - Erklärung der korrekten Übungsabfolge durch den Trainer und erlernen der Übung durch spezielles Aufwärmen. Dies dient zur Vorbeugung von Fehlern in der eigentlichen Krafttestung. Durchführung von maximal 3 Sätzen um eine Vorermüdung zu vermeiden.

	- Ermittlung des maximalen Gewichtes für einen Testsatz mit 10 Wiederholungen. Bei Nichterreichen des Maximalgewichts für 10 Wiederholungen erfolgen weitere Testsätze, maximal jedoch 3. Zwischen den Testsätzen erfolgt eine Pause von 3 Minuten. Das Maximalgewicht für 10 Wiederholungen ist erreicht, wenn der Klient die letzte Wiederholung ausführen kann, jedoch keine weitere mehr möglich gewesen wäre.
Testergebnisse	Nachfolgend werden alle Testgewichte pro Teilsatz der einzelnen Übungen aufgelistet. Tabelle 4: Mehrwiederholungskrafttest des Mesozyklus I | Testübung	WDH	1. Satz	2. Satz	3. Satz	Ergebnis
---	---	---	---	---	---
Latziehen zur Brust	20	15,0kg	20,0kg	---	20,0kg
Rudern am Gerät	20	15,0kg	17,5kg	---	17,5kg
Butterfly	20	5,0kg	10,0kg	---	10,0kg
Schulterdrücken am Gerät	20	5,0kg	---	---	5,0kg
Beinpresse	20	65,0kg	60,0kg	---	60,0kg
Adduktion im Sitzen	20	10,0kg	15,0kg	20,0kg	20,0kg
Abduktion im Sitzen	20	10,0kg	15,0kg	20,0kg	20,0kg	
Schlussfolgerung und Konsequenz	Eine Schlussfolgerung kann aus dem Mehrwiederholungstest nicht gezogen werden, da es keine Referenzwerte gibt. Die Testergebnisse werden jedoch für die Festlegung der Trainingsgewichte in der Trainingsplanung benötigt.

2 Lösung Teilaufgabe 2 – Zielsetzung/Prognose

Passend zu den angegebenen Trainingsmotiven des Klienten befindet sich in der unten stehenden Tabelle eine Übersicht über die fitness- und gesundheitsorientierten Ziele.

Tabelle 5: Zielsetzung des Klienten

Aufbau von 1kg fettfreier Körpermasse in 3 Monaten	Stärkung des Körpers insbesondere des Rückens durch gezielten Muskelaufbau, damit wird versucht einen Ausgleich zur sitzenden Tätigkeit zu schaffen.
Reduzierung der Fettmasse um 2% innerhalb 2 Monaten.	Verbesserung des Körperfettgehalts von einem anfänglichem Übergewicht (27% Körperfettanteil) für einen Normalwert von unter 25% Körperfettanteil des Klienten (Gallagher, Heymsfield, Heo, Jebb, Murgatroys und Sakamoto, 2000) zur Stärkung des Selbstvertrauen.
Senkung des Ruhepuls um 2 Schläge in 6 Monaten.	Verbesserung und Entlastung des Herz-Kreislauf-Systems.

3 Lösung Teilaufgabe 3 – Makrozyklusplanung

Nachstehend befindet sich eine Makrozyklusplanung, bestehend aus vier Mesozyklen für einen gesamten Zeitraum von 6 Monaten. Güllich und Krüger stellen fest:„Ein Makrozyklus beinhaltet als längster Trainingszyklus mehrere Perioden des Jahresaufbaus und ist auf die planmäßige Herausbildung der komplexen sportlichen Leistungsfähigkeit auf immer höherem Niveau ausgerichtet."(2013, S. 457).

Tabelle 6: Trainingsplan Makrozyklus 6 Monate

	Mesozyklus I	Mesozyklus II	Mesozyklus III	Mesozyklus IV
Dauer	6 Wochen	6 Wochen	6 Wochen	6 Wochen
Trainingsziel	Kraftausdauer	Hypertrophie	IK-Training	Kraftausdauer
Trainingssystem	Ganzkörper	Ganzkörper	Ganzkörper	Ganzkörper / Split
Krafttestung vor Zyklusbeginn	20- RM	8-RM	3 RM	14 RM
Häufigkeit/ Woche	2	2	2	3
Organisationsform	Station	Station	Station	Station
Übungen/ Muskel	1	1	1	2
Sätze/Übung	2 – 3	2 – 3	2 – 3	3 – 4
Satzpausen	60 Sek.	120 Sek.	180 Sek.	60 Sek.
Wiederholungen	20 Wdh. 80 Sek. TUT	8 Wdh. 40 Sek. TUT	3 Wdh. 15 Sek. TUT	14 Wdh. 70 Sek. TUT
Intensität	50-70%	50-70%	50-70%	60-80%
Bewegungstempo	2 – 0 – 2	2 – 1 – 2	1 – 1 – 3	2 – 1 – 2

In der anschließenden Tabelle wird die Trainingsmethode inkl. Belastungsparameter, Organisationsform und Periodisierung der Makrozyklusplanung erläutert.

Tabelle 7: Begründung der Makrozyklusplanung

Trainingsmethode	Bei der ILB-Trainingsmethode wird die Trainingsplanung auf das Trainingslevel des Klienten abgestimmt (Strack und Eifler, 2005).
Belastungsparameter	Hieraus ergibt sich die Trainingshäufigkeit pro Woche, Übungen pro Muskel, Sätze pro Übung, Wiederholungszahl und Intensität mit der trainiert werden soll (Strack und Eifler, 2005).

Organisationsform	Im Stationstraining kann die Muskulatur durch mehrere Sätze und Übungen pro Muskelgruppe in Folge stärker beansprucht und erschöpft werden, als es beim Zirkeltraining der Fall ist (Pauls, 2011). Dies bestätigen auch Kersten und Siebecke: „Mehrere Sätze in Folge führen zu einer höheren biochemischen Belastung des Muskels und damit zu größeren Anpassungserscheinungen."(2010, S.41).
Periodisierung	„Eine Periodisierung des Trainingsjahres in verschiedene Phasen ist sinnvoll, da bei gleich bleibend intensivem Training mit gleichen Inhalten und Methoden trotz Steigerungen der Trainingsgewichte nur anfangs eine effektive Leistungsverbesserung erreicht wird [...] Durch einen Wechsel der Trainingsmethoden und -inhalte kann einer solchen Stagnation entgegengewirkt werden." (Pauls, 2010, S. 104) Auch Fröhlich, Müller, Schmidtbleicher und Erich sind der Meinung die „Periodisierung im Krafttraining bezeichnet die gezielte Veränderung der Trainingsstrukturen innerhalb eines Trainingszyklus. Aktuelle Metaanalysen und Übersichtsarbeiten konnten eine Überlegenheit von periodisierten gegenüber nicht periodisierten Trainingsplänen nachweisen." (2009 S. 307). Durch das klassische Periodisierungsmodel, können die verschiedenen Ziele des Klienten über einen längeren Zeitraum in einzelnen voneinander getrennten Abschnitten speziell trainiert werden. Durch die Trennung der einzelnen Ziele ist es möglich das einzelne Ziel gezielt zu verbessern (Pauls, 2010).

4 Lösung Teilaufgabe 4 – Mesozyklusplanung

Nach Aufstellung des Makrozyklus befindet sich nun in der folgenden Tabelle der Mesozyklus I. Im Mesozyklus können die einzelnen Übungen, Wiederholungen und Sätze für jede einzelne Trainingswoche entnommen werden. Dem Klient wird empfohlen sich vor dem eigentlichen Training 5-10 Minuten auf dem Radergometer aufzuwärmen. Der Körper wird so auf die bevorstehende Belastung vorbereitet und das Herz-Kreislauf-System aktiviert (Rogan, 2008). Direkt im Anschluss an das Krafttraining erfolgt ein 20 Minütiges Ausdauertraining auf dem Crosstrainer. Durch das regelmäßige Ausdauertraining, werden vermehrt aus den Fettdepots freie Fettsäuren zu Energiegewinnung herangezogen (Muster und Zielinski, S. 23, 2006). Nach dem absolviertem Training sollte ein

Cool Down erfolgen, da dieser die Regenerationszeit des Klienten verbessern kann (Rogan, 2008). Die Trainingsgewichte werden alle 2 Wochen im Bereich der vorgegeben Intensität gesteigert.

Tabelle 8: Auflistung der Belastungsparameter des Mesozyklus I

Trainingsziel	Kraftausdauer
Häufigkeit/Woche	2
Organisationsform	Station
Satzpausen	60 Sekunden
Bewegungstempo	2 – 0 – 2

Tabelle 9: Mesozyklus I mit Auflistung der Übungen, Wiederholungen und Intensität für 6 Wochen

Übung	WDH	Woche 1	Woche 2	Woche 3	Woche 4	Woche 5	Woche 6
Latziehen zur Brust	20	10kg (50%)	10kg (50%)	12,5kg (60%)	12,5kg (60%)	15,0kg (70%)	15,0kg (70%)
Rudern am Gerät	20						
Butterfly	20						
Schulterdrücken am Gerät	20						
Beinpresse	20						
Adduktion im Sitzen	20						
Abduktion im Sitzen	20						
Oberkörperheben auf der Schrägbank	20						
Crunches im Liegen	20						

Die Erklärung einzelner Übungen und die Begründung der Übungsauswahl befindet sich in der untenstehenden Tabelle.

Tabelle 10: Begründung der Übungsauswahl sowie einzelner Übungen aus dem Mesozyklus I

Übungsauswahl	In der Mesozyklusplanung I wurden vorrangig Maschinenübungen verwendet, da der Klient als Trainingsanfänger hiermit ein verringertes Verletzungsrisiko hat und vorrangig die Kraft für spätere koordinative Freihantelübungen aufgebaut werden kann (Kieser, 2015).
	Übt man ein mehrgelenkiges Training aus, so verbessert sich die Beweglichkeit, Kraft und die intermuskuläre Koordination (Hois und Ziegner, 2006).
Latziehen zur Brust	Folgende „Hauptmuskeln: Breiter Rückenmuskel, Bizeps (kurzer Kopf), Armbeuger und

	großer Rundmuskel" (Óscar Morán, S.86, 2014) werden bei der Übung Latziehen zur Brust beansprucht.
Rudern am Gerät	Die „Hauptmuskeln: Breiter Rückenmuskel, Armbeuger, Bizeps, Rundmuskel" (Óscar Morán, S.90, 2014) werden bei der Übung Rudern am Gerät beansprucht.
Butterfly	Bei der Übung Butterfly sind die „Hauptmuskeln: Großer Brustmuskel und vorderer Teil des Deltamuskels" (Óscar Morán, S.66, 2014) hauptsächlich beteiligt.
Schulterdrücken am Gerät	Die Maschine Schulterdrücken am Gerät beansprucht die „Hauptmuskeln: Deltamuskel (vorderer und mittlerer Teil), Trizeps (außer dem langen Kopf) und Obergrätenmuskel" (Óscar Morán, S.138, 2014).
Beinpresse	Bei der Beinpresse werden die „Hauptmuskeln: Quadrizeps. Großer Gesäßmuskel und Adduktoren" (Óscar Morán, S.246, 2014) trainiert.
Adduktion im Sitzen	Mit der Adduktorenmaschine werden die „Hauptmuskeln: Adduktoren (großer, mittlerer, kleiner und kleinster) (Óscar Morán, S.258, 2014) hauptsächlich beansprucht.
Abduktion im Sitzen	Die Abduktion beansprucht die „Hauptmuskeln: Mittlerer Gesäßmuskel und Deltamuskel des Gesäßes (Spanner der Oberschenkelbinde und oberflächliche Fasern des großen Gesäßmuskel)" (Óscar Morán, S.260, 2014)
Oberkörperheben auf der Schrägbank	Das Oberkörperheben beansprucht die „Hauptmuskeln: Wirbelsäulenaufrichter, langer Rückenmuskel, viereckiger Lendenmuskel, Darmbein-Rippen-Muskel, breiter Rückenmuskel, Quer- und Dornfortsatzmuskeln, vielgeteilte Muskeln, großer Gesäßmuskel und Kniebeuger (Plattsehnenmuskel, Halbsehnenmuskel und langer Kopf des zweiköpfigen Oberschenkelmuskels)" (Óscar Morán, S.294, 2014).
Crunches im Liegen	Bei der Übung Crunches im Liegen werde die „Hauptmuskeln: Gerader Bauchmuskel" (Óscar Morán, S.276, 2014) beansprucht.

5 Lösung Teilaufgabe 5 – Literaturrecherche

Einleitung Tabelle

Tabelle 11: Literaturrecherche zum Thema „Effekte des Krafttrainings bei Diabetes mellitus Typ-2

	Wissenschaftliche Studie I	Wissenschaftliche Studie I
Wer hat die Studie durchgeführt?	Naomi Brooks, Jennifer E. Layne, Patricia L. Gordon, Ronenn Roubenoff, Miriam E.	Cauza, Hanusch-Enserer, Strasser, Kostner, Dunky, Haber

		Nelson und Carmen Castaneda-Sceppa.	
In welchem Jahr wurde die Studie publiziert?		2006	2006
Mit welchen Versuchspersonen wurden die Studien durchgeführt?		62 Hispanic Personen, 55 Jahre und älter mit Typ-2-Diabetis	20 Personen mittleren Alters mit Diabetes mellitus 2 (je 10 männliche und weibliche) die bereits ein Kraft- oder Ausdauertraining von mindestens 4 Monaten durchführten.
Wie sah der Versuchsaufbau der Studien aus?		Die Personen wurden in 2 Gruppen aufgeteilt. **Krafttraining Gruppe:** Die Trainierende Gruppe erhielt 3x pro Woche über einen Zeitraum von 16 Wochen ein körperliches Training. Die Trainingseinheiten enthielten 35 Minuten Kraftübungen aus 5 Maschinen: Oberer Rücken, Brustpresse, Beinpresse, Beinstrecker und Beinbeuger mit je 3 Sätzen á 8 Wiederholungen an jeder Maschine. Vor und nach dem Krafttraining fand ein Warm up bzw. Cool Down statt. Die Trainingsintensität in Wochen 1-8 wurde mit 60-80% des 1-RM und die Wochen 10-14 auf 70-80% festgelegt. Der Postprandiale Blutzucker wurde vor und nach jeder Trainingseinheit mittels einem One-Touch-Glucometer überwacht. **Kontrollierte Gruppe** Diese randomisierte Gruppe sollte ihren üblichen Standard der Behandlung weiter fortsetzen, was bedeutet weiterhin die glykämische Kontrolle, Blutzuckerselbstkontrolle, Beteiligung an gesunde Ernährungsgewohnheiten und körperlicher Aktivität sowie die Einhaltung der Medikamente und Arztbesuche durchzuführen. Diese Gruppe erhielt Anrufe alle 2 Wochen und kam zu einer Prüfung zu Beginn der Studie und nach 16 Wochen.	Nach einer viermonatigen Kraft- oder Ausdauertrainingsperiode wurden 10 Patienten (5 weibliche und 5 mänliche, mittleres Alter +/-57,1 +/- 1,6 Jahre) randomisiert um ein weiteres Kraft- und Ausdauertraining von 4 Monaten zu absolvieren und eine Kontrollgruppe mit 10 Patienten (5 männliche und 5 weibliche, mittleres Alter: 56,9 +/- 1,6 Jahre) welche Ihr Training beendeten.

| Welche relevanten Ergebnisse und Schlussfolgerungen lieferten die Studien | Ergebnisse:
In der Krafttrainingsgruppe wurden nur bei 72% der Teilnehmer konnten die Diabetiker Medikament reduziert werden. Bei der kontrollierten Gruppe mussten die Medikamente bei 42% der Patienten erhöht werden. Die körperliche Aktivität in der Freizeit steig deutlich bei der trainierenden Gruppe an im Vergleich zur kontrollierten Gruppe. Die Muskelkraft, mageren Gewebemasse, Muskelqualität konnten im Vergleich zur nicht trainierenden Gruppe verbessert werden.

Insgesamt wurde die glykämische Kontrolle mit dem Krafttraining verbessert, während die kontrollierte Gruppe gleichbleibende Werte aufweist. Die Insulinresistenz der trainierenden Gruppe wurde nach 16 Wochen deutlich reduziert im Vergleich zur kontrollierten Gruppe.

Schlussfolgerungen:
Die Ergebnisse der Studie zeigen, dass 16 Wochen Krafttraining zu einer verbesserten Muskelqualität, Hypertrophie der Skelettmuskulatur und Veränderung der Ganzkörper-Insulinempfindlichkeit durch die Veränderung biochemischer Marker. Die Studie zeigt, das ein Krafttraining eine ideale Ergänzung zu einer Standardbehandlung für Hochrisikogruppen mit Diabetes darstellt. | **Ergebnisse:**
Die Langzeitzuckerkontrolle hat sich verbessert. Der Gesamtcholesterinwert verminderte sich in der Trainingsgruppe und stieg in der Kontrollgruppe an. Der LDL-Cholesterin- und Triglycerinwert wurden verringert im Vergleich zur Kontrollgruppe.

Schlussfolgerung:
Die Studie zeigt, dass eine Fortführung des Trainings um weitere 4 Monate die Reduktion einzelner Messwerte (Blutzuckerwert nüchtern, HbA1C, Gesamtcholesterin, LDL-Cholesterin, Triglyceridwerte) zur Folge hat. Ein Beendigen das Trainings zeigte eine Verschlechterung dieser Werte. Aus diesem Grund ist ein Langzeittraining zur Behandlung des Diabetes mellitus 2 sinnvoll. |

6 Literaturverzeichnis

- Cuaza, E., Hanusch-Enserer, U., Strasser, B., Kostner, K., Dunky, A., Haber, P., (2006). *The metabolic effects of long term exercise in Type 2 Diabetes patients.* Zugriff am 07.09.2016. Verfügbar unter http://www.ncbi.nlm.nih.gov/pubmed/17041809

- Fröhlich, M., Müller, T., Schmidtbleicher, D., Emrich, E., (2009). Outcome-Effekte verschiedener Periodisierungsmodelle im Krafttraining. *Deutsche Zeitschrift für Sportmedizin, 10.* Zugriff am 01.09.2016. Verfügbar unter http://www.zeitschrift-sportmedizin.de/en/articles-online/archive-2009/heft-10/outcome-effekte-verschiedener-periodisierungsmodelle-im-krafttraining/ .

- Gallagher, Heymsfield, Heo, Jebb, Murgatroyd, Sakomoto. (2000). *Healthy percentage body fat ranges: an approach for developing guidelines based on body mass index.* Zugriff am 01.09.2016. Verfügbar unter http://ajcn.nutrition.org/content/72/3/694.long#aff-1

- Gießing, J. (2003). *Trainingsplanung und- steuerung beim Muskelaufbautraining.* Leistungssport (4), 26-31

- Güllich, Krüger. (2013). *Sport. Das Lehrbuch für das Sportstudium.* Berlin Heidelberg: Springer-Verlag

- Hois, G. , Ziegner, A., Grundlagen des mehrgelenkigen Trainings in Theorie und Praxis. *Bewegungstherapie und Gesundheitssport 2006 (22),* 18-25

- Kersten & Siebecke. (2010). *Geräte Fitness Das Lehrbuch zur Trainer-Ausbildung.* Aachen: Meyer & Meyer Verlag

- Kieser, W., (2015). *Ein starker Körper kennt keinen Schmerz. Gesundheitsorientiertes Krafttraining nach der Kieser-Methode.* München: Wilhelm Heyne Verlag.

- Pauls, J. (2014). *Das große Buch vom Krafttraining.* 2. überarbeitete Auflage. München: Copress Verlag in der Stiebner Verlag GmbH.

- Morán, A. (2014). *Enzyklopädie Muskeltraining.* 6. Auflage. Königswinter: HEEL Verlag GmbH.

- Muster, M., Zielinski, R., *Bewegung und Gesundheit. Gesicherte Effekte von körperlicher Aktivität und Ausdauertraining.* Darmstadt: Steinkopf Verlag.

- Brooks, N., Layne, J.E., Gordon, L.P., Roubenoff, R., Nelson, M.E., Castaneda-Sceppa, C. (2006). *Strenght training improves muscle quality and insulin sensitivity in Hispanic older adults with type 2 diabetes.* Zugriff am 07.09.2016. Verfügbar unter http://www.ncbi.nlm.nih.gov/pmc/articles/PMC1752232/
- Rogan, S. Nach dem Training ist vor dem Training. *Physiopraxis 2006 (8)*, 24-28
- Strack, A. & Eifler, C. (2005). *The individual lifting performance method (ILP) – a practical method for fitness- and recreational strength training.* In J. Gießing, M. Fröhlich & P. Preuss (eds.), *Current results of strength training research* (pp. 153-163). Göttingen: Cuvilier.
- Zimmer, M. (1999). *Entwicklung und Erprobung eines Mehrwiederholungstest zur Erfassung der Kraftleistung im Fitneß-Training.* Diplomarbeit, Universität des Saarlandes. Saarbrücken.

7 Tabellenverzeichnis

7.1 Tabellenverzeichnis

Tabelle 1: Allgemeine, biometrische und gesundheitsbezogene Daten des Klienten........3

Tabelle 2: Blutdruckklassifikation der American Heart Association....................4

Tabelle 3: Krafttestung – Begründung, Testablauf, Testergebnisse mit Schlussfolgerung und Konsequenz....................4

Tabelle 4: Mehrwiederholungskrafttest des Mesozyklus I....................5

Tabelle 5: Zielsetzung des Klienten....................5

Tabelle 6: Trainingsplan Makrozyklus 6 Monate....................6

Tabelle 7: Begründung der Makrozyklusplanung....................6

Tabelle 8: Mesozyklus I mit Auflistung der Übungen, Sätze und Wiederholungen für Woche 1-6....................8

Tabelle 9: Begründung der Übungsauswahl sowie der einzelnen Übungen im ausgewählten Mesozyklus....................8

Tabelle 10: Literaturrecherche zum Thema Fettstoffwechselstörungen....................9

BEI GRIN MACHT SICH IHR WISSEN BEZAHLT

- Wir veröffentlichen Ihre Hausarbeit, Bachelor- und Masterarbeit

- Ihr eigenes eBook und Buch - weltweit in allen wichtigen Shops

- Verdienen Sie an jedem Verkauf

Jetzt bei www.GRIN.com hochladen und kostenlos publizieren